SIMILARES PERO NO IGUALES

¿LEOPARDO O JAGUAR?

Por Rob Ryndak

Traducido por Alberto Jiménez

Gareth Stevens
PUBLISHING

Please visit our website, www.garethstevens.com. For a free color catalog of all our high-quality books, call toll free 1-800-542-2595 or fax 1-877-542-2596.

Cataloging-in-Publication Data

Ryndak, Rob.
¿Leopardo o jaguar? / by Rob Ryndak, translated by Alberto Jiménez
p. cm. — (Similares pero no iguales)
Includes index.
ISBN 978-1-4824-3261-9 (pbk.)
ISBN 978-1-4824-3268-8 (6 pack)
ISBN 978-1-4824-3264-0 (library binding)
1. Leopard — Juvenile literature. 2. Jaguar — Juvenile literature. I. Ryndak, Rob. II. Title.
QL737.C23 R96 2016
599.75'54—d23

Published in 2016 by
Gareth Stevens Publishing
111 East 14th Street, Suite 349
New York, NY 10003

Designer: Sarah Liddell
Editor: Ryan Nagelhout and Nathalie Beullens-Maoi
Spanish Translation: Alberto Jiménez

Photo credits: Cover, p. 1 (background) jo Crebbin/Shutterstock.com; cover, p. 1 (leopard) geraldb/Shutterstock.com; cover, p. 1 (jaguar) Anan Kaewkhammul/Shutterstock.com; p. 5 Jessica Ney/Shutterstock.com; p. 7 (jaguar) Mikadun/Shutterstock.com; p. 7 (ocelot) Erni/Shutterstock.com; p. 7 (leopard) J Reineke/Shutterstock.com; p. 9 (main) Eduard Kyslynskyy/Shutterstock.com; p. 9 (inset) Ewan Chesser/Shutterstock.com; p. 11 (main) Krzysztof Wiktor/Shutterstock.com; p. 11 (inset) worldswildlifewonders/Shutterstock.com; p. 13 (top) Stuart G Porter/Shutterstock.com; p. 13 (bottom) Maggy Meyer/Shutterstock.com; p. 15 (jaguar) KKimages/Shutterstock.com; p. 15 (leopard) davemhuntphotography/Shutterstock.com; p. 17 pavels/Shutterstock.com; p. 19 aabeele/Shutterstock.com; p. 21 Volodymyr Burdiak/Shutterstock.com.

Printed in the United States of America

CPSIA compliance information: Batch #CS15GS: For further information contact Gareth Stevens, New York, New York at 1-800-542-2595.

CONTENIDO

Las palabras del glosario se muestran en **negrita**
la primera vez que aparecen en el texto.

Identifica el felino

Un felino salvaje avanza por la espesura, siguiendo la pista de un animal que espera se convierta en su cena. El felino está listo para echar a correr... y hambriento. ¿Es un leopardo? ¿Un jaguar? ¿No será un puma? ¿Cómo puedes diferenciar estos felinos?

5

Los felinos salvajes como jaguares, ocelotes y leopardos, están emparentados, es decir, provienen de la misma familia, la de los félidos (Felidae), que abarca 36 diferentes **especies**. Tienen dientes afilados, oído agudo y buen sentido del olfato.

JAGUAR

OCELOTE

LEOPARDO

7

Observa el dibujo

De estos felinos, los que más se asemejan son los jaguares y los leopardos. La mejor forma de distinguirlos es observando el **dibujo** de su pelaje. Tanto los leopardos como los jaguares tienen manchas, pero las del leopardo están muy juntas.

LEOPARDO

9

Distingue las manchas

Las manchas del jaguar son más grandes que las del leopardo y a veces forman círculos negros. En algunas de ellas se distinguen unas manchas de color marrón oscuro. Estas manchas marrones y negras les sirven de **camuflaje**, es decir, los ayudan a esconderse.

JAGUAR

11

Las manchas del leopardo pueden ser diferentes según el lugar donde vive. En África oriental son circulares. Más al sur, tienden a ser cuadradas. Además, las del leopardo son más compactas en la cara, las **extremidades** y el vientre.

Felinos veloces

Más vale que no te persiga nunca uno de estos felinos, pero cuando corren son fáciles de distinguir. Los jaguares son los más rápidos: alcanzan las 50 millas (80 km) por hora. Los leopardos solo llegan a las 30 millas (48 km) por hora.

JAGUAR

LEOPARDO

¿CÓMO PUEDES DIFERENCIARLOS?

ANIMAL	JAGUAR	LEOPARDO
DÓNDE VIVE	Centroamérica y Sudamérica	África, Asia central
TIPO DE CUERPO	musculoso	compacto
MANCHAS	más grandes y circulares	compactas
TAMAÑO DE LA CABEZA	grande	más pequeña
VARIACIONES	blanco, negro	amarillo claro, negro
VELOCIDAD MÁXIMA	50 millas (80 km) por hora	30 millas (48 km) por hora

Manchas de acuerdo a su habitat

Algunos leopardos no se parecen en nada a otros leopardos y jaguares. Los leopardos de las nieves viven en las montañas de Asia central y tienen el pelaje gris blancuzco con manchas negras. El pelaje les sirve para confundirse con el paisaje nevado y rocoso de los lugares que habitan.

Panteras negras

Las panteras negras no son una especie particular de grandes felinos. El término "pantera negra" se utiliza para cualquier gran felino con un **gen** que le dé un pelaje completamente negro. Esto significa que también los jaguares negros y los leopardos negros pueden llamarse panteras negras.

¿Mascotas o gatos salvajes?

Se trate de un leopardo o de un jaguar, todos los felinos salvajes son peligrosos. Si ves uno, no te acerques. Puedes estudiar acerca de los grandes felinos observando el gato de tu casa. ¡La mayoría de los gatos domésticos están emparentados con los grandes felinos!

GLOSARIO

camuflaje: colores o formas de los animales que les permiten confundirse con los alrededores.

dibujo: tipo de distribución de colores y formas sobre la piel.

especie: grupo de plantas o animales de la misma clase.

extremidades: piernas y brazos de un animal.

gen(es): partes diminutas de una célula que se transmiten de padres a hijos y determinan los rasgos particulares de cada ser, como el color de los ojos.

MÁS INFORMACIÓN

LIBROS

Carney, Elizabeth. *Everything Big Cats*. Washington, DC: National Geographic, 2011.

Ganeri, Anita. *Jaguar*. Chicago, IL: Heinemann Library, 2011.

Kurkov, Lisa. *Roar! Big Cats*. Greensboro, NC: Carson-Dellosa, 2014.

SITIOS DE INTERNET

Jaguar

animals.nationalgeographic.com/animals/mammals/jaguar/?source=A-to-Z
Descubre más cosas sobre los jaguares en este sitio de National Geographic.

Leopardos

animals.nationalgeographic.com/animals/mammals/leopard/
Descubre más datos curiosos sobre los leopardos en este sitio.

ÍNDICE